Impressum
Verlag: BABADADA GmbH, Nedderfeld 112 , 22529 Hamburg
Geschäftsführer / Verlagsleitung: Harald Hof
Druck: Books on Demand GmbH, In de Tarpen 42, 22848 Norderstedt

Imprint
Publisher: BABADADA GmbH, Nedderfeld 112 , 22529 Hamburg, Germany
Managing Director / Publishing direction: Harald Hof
Print: Books on Demand GmbH, In de Tarpen 42, 22848 Norderstedt, Germany

مکتب
школа

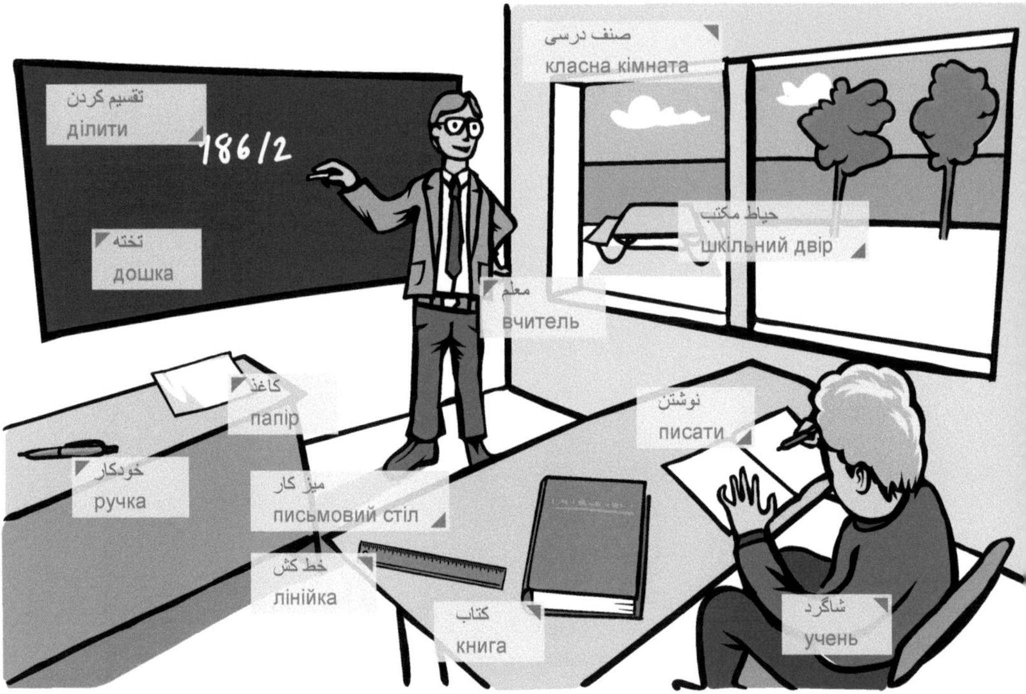

صنف درسی
класна кімната
تقسیم کردن
ділити
186/2
تخته
дошка
حیاط مکتب
шкільний двір
معلم
вчитель
کاغذ
папір
نوشتن
писати
خودکار
ручка
میز کار
письмовий стіл
خط کش
лінійка
کتاب
книга
شاگرد
учень

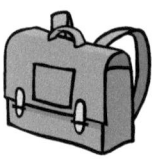

بیگ مکتب
ранець

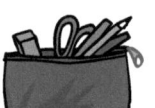

قلم دانی
пенал

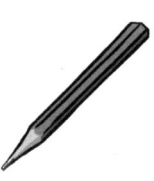

پنسل
олівець

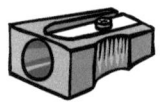

پنسل تراش
точило

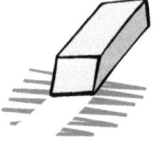

پنسل پاک
гумка

کتابچه رسم
альбом для малювання

نقاشی

малюнок

برس رنگ زنی

пензель

بکسک رنگه

коробка фарб

قیچی

ножиці

سریش

клей

کتاب تمرین

зошит

کار خانگی

домашнє завдання

عدد

число

جمع کردن

додавати

تفریق کردن

віднімати

ضرب کردن

множити

حساب کردن

рахувати

حرف

літера

الفبا

абетка

کلمه

слово

متن

текст

خواندن

читати

تباشیر

крейда

درس

година

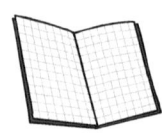

ثبت نام

класний журнал

امتحان

екзамен

تصدیقنامه

диплом

یونیفورم مکتب

шкільна форма

تحصیل

освіта

دانشنامه

лексикон

پوهنتون

університет

مایکروسکوپ

мікроскоп

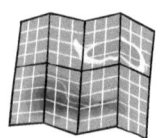

نقشه

карта

سبد کاغذ باطله

кошик для паперу

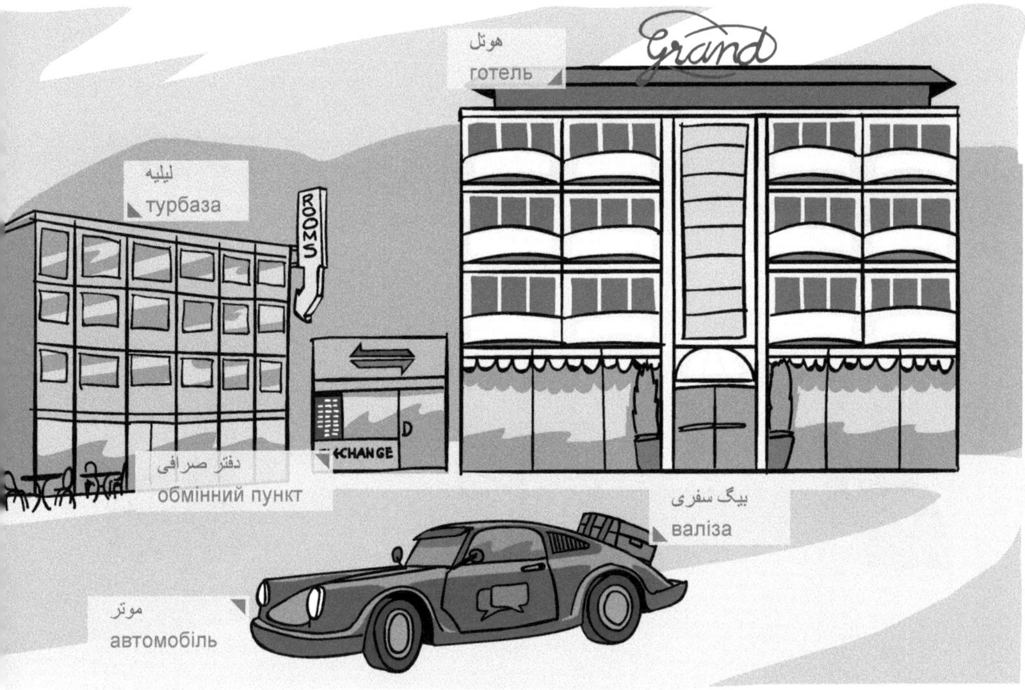

هوتل
готель
Grand
ليليه
турбаза
ROOMS
EXCHANGE
دفتر صرافی
обмінний пункт
بیگ سفری
валіза
موتر
автомобіль

زبان

мова

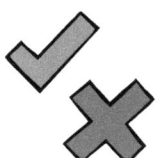

بلی / نخیر

так / ні

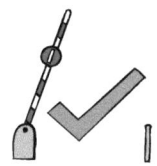

بسیار خوب

добре

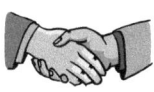

سلام

привіт

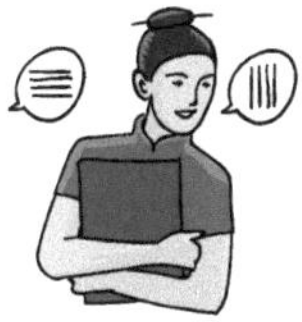

مترجم

перекладач

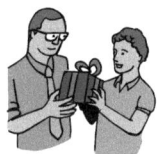

تشکر از شما

дякую

قیمتش چقدر است؟

Скільки коштує ...?

نمی فهمم

Я не розумію

مشکل

проблема

عصر بخیر! / شب بخیر!

Добрий вечір!

صبح بخیر!

Доброго ранку!

شب بخیر!

На добраніч!

خداحافظ

До побачення

مسیر

напрямок

بار مسافر

багаж

بیگ

сумка

بیگ پشتکی

рюкзак

مهمان

гість

اطاق

кімната

بستره خواب سیار

спальний мішок

خیمه

намет

معلومات توریستی

туристична інформація

ساحل

пляж

کردیت کارت

кредитна картка

صبحانه

сніданок

طعام چاشت

обід

غذای شام

вечеря

تکت

квиток

لفت

ліфт

مهر

поштова марка

مرز

межа

گمرک

митниця

سفارتخانه

посольство

ویزه

віза

پاسپورت

паспорт

حمل و نقل

транспорт

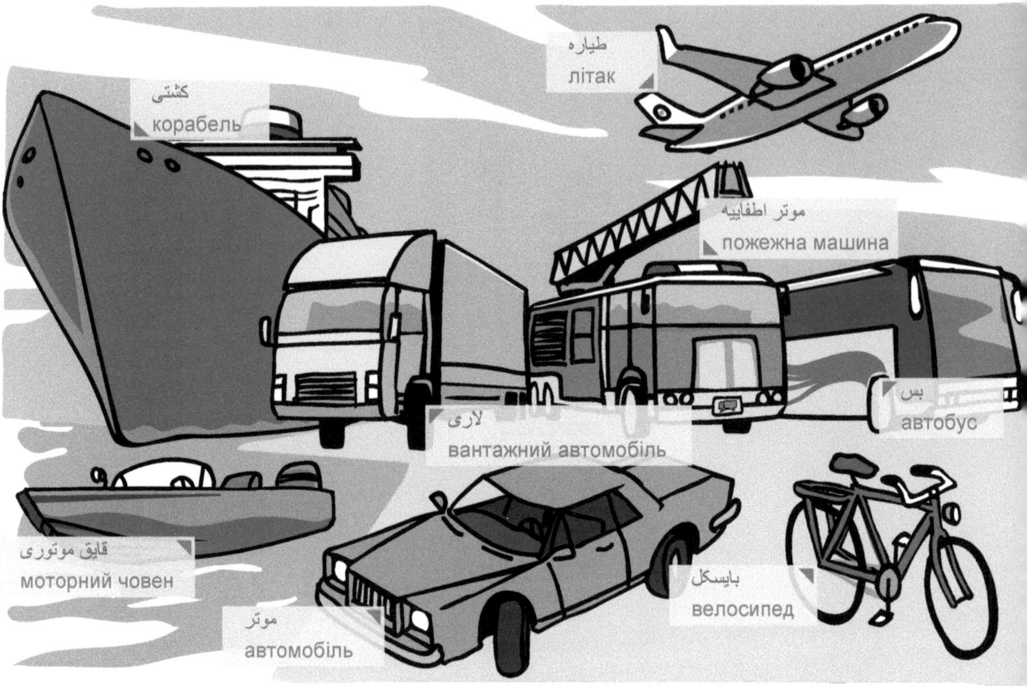

طیاره
літак
کشتی
корабель
موتر اطفاییه
пожежна машина
بس
автобус
لاری
вантажний автомобіль
قایق موتوری
моторний човен
بایسکل
велосипед
موتر
автомобіль

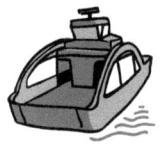

کشتی
....
пором

قایق
....
човен

موترسایکل
....
мотоцикл

موتر پولیس
....
поліцейська машина

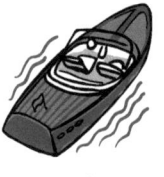

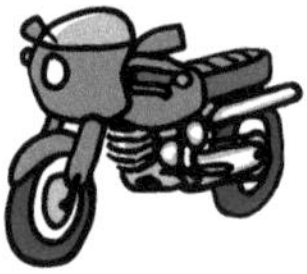

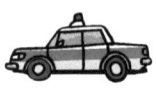

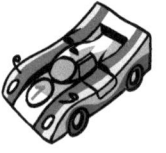

موتر مسابقه
....
гоночний автомобіль

موتر کرایی
....
автомобіль на прокат

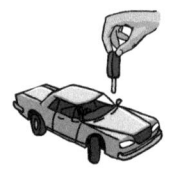

اشتراک وسایط
....
спільне користування авто

جرثقیل
....
евакуатор

موتر حمل زباله
....
сміттєвоз

موتور
....
двигун

تیل
....
паливо

تانک تیل
....
автозаправна станція

علامت ترافیکی
....
дорожній знак

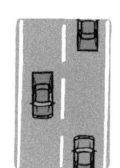

عبور و مرور
....
рух

راهبندان
....
затор

پارک وسایط
....
стоянка

ایستگاه ریل
....
вокзал

خط ریل
....
рейки

ریل
....
потяг

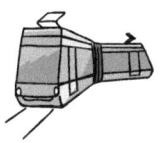

ریل برقی
....
трамвай

واگن
....
вагон

транспорт - حمل و نقل

هليكوپتر
گەلíكوپтер

ميدان هوايى
аеропорт

برج
вежа

مسافر
пасажир

كانتينر
контейнер

كارتن
коробка

گادى
візок

سبد
кошик

پرواز كردن / فرود آمدن
стартувати / приземлятися

شهر

МІСТО

قريه
село

تياتر شهر
центр міста

خانه
дім

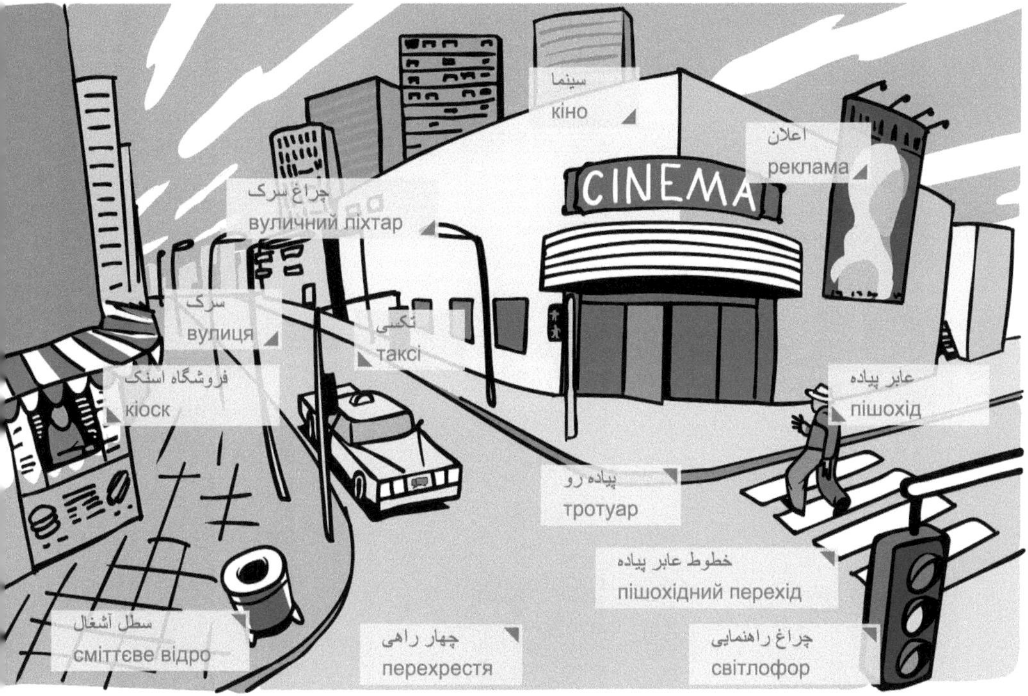
CINEMA
سینما
кіно
اعلان
реклама
چراغ سرک
вуличний ліхтар
سرک
вулиця
تکسی
таксі
فروشگاه اسنک
кіоск
عابر پیاده
пішохід
پیاده رو
тротуар
خطوط عابر پیاده
пішохідний перехід
سطل آشغال
сміттєве відро
چهار راهی
перехрестя
چراغ راهنمایی
світлофор

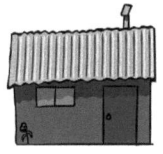

کلبه

хатина

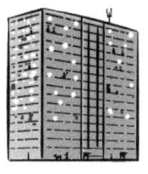

آپارتمان

квартира

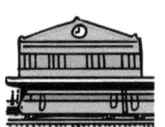

ایستگاه ریل

вокзал

تالار شهر

ратуша

MUSEUM

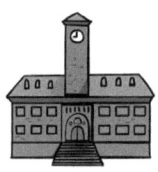

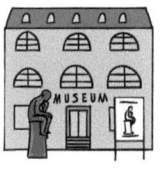

موزیم

музей

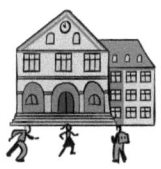

مکتب

школа

پوهنتون

університет

بانک

банк

شفاخانه

лікарня

هوتل

готель

دواخانه

аптека

دفتر

офіс

کتابفروشی

книжковий магазин

مغازه

магазин

گل فروشی

квітковий магазин

سوپر مارکیت

супермаркет

فروشگاه

ринок

فروشگاه

універмаг

ماهی فروشی

торговець рибою

مرکز خرید

торговельний центр

بندر

гавань

پارک

парк

دراز چوکی

лава

پل

міст

زینه ها

сходи

مترو

метро

تونل

тунель

ایستگاه بس

автобусна зупинка

میخانه

бар

رستورانت

ресторан

صندوق پست

поштова скринька

علامت سرک

вулична табличка

ماشین پارکو متر

лічильник паркування

باغ وحش

зоопарк

حوض آببازی

басейн

مسجد

мечеть

مزرعه

ферма

آلوده گی

забруднення навколишнього середовища

قبرستان

кладовище

کلیسا

церква

میدان بازی

дитячий майданчик

معبد

храм

چشم انداز

ландшафт

برگ
листок

لوحه
вказівний стовп

راه
шлях

علفزار
луг

سنگ
камінь

کوهنورد
мандрівник

درخت
дерево

دریا
річка

علف
трава

گل
квітка

دره
....
долина

تپه
....
гора

دریاچه
....
озеро

جنگل
....
ліс

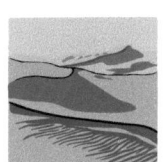

صحرا
....
пустеля

آتشفشان
....
вулкан

قلعه
....
замок

رنگین کمان
....
веселка

سمارق
....
гриб

درخت آلو
....
пальма

پشه
....
комар

مگس
....
муха

مورچه
....
мурашка

زنبور
....
бджола

عنکبوت
....
павук

قاېنغوزک

жук

بقه

жаба

موش خرما

вивірка

خارپشت

їжак

خرگوش صحرایی

заєць

بوم

сова

پرنده

птах

مرغابی

лебідь

خوک وحشی

кабан

گوزن

олень

گوزن شمالی

лось

بند آب

гребля

توربین بادی

вітряк

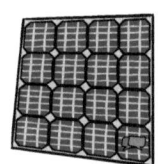

صفحه خورشیدی

сонячний модуль

آب و هوا

клімат

رستورانت

ресторан

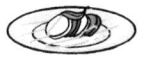

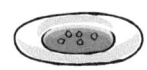

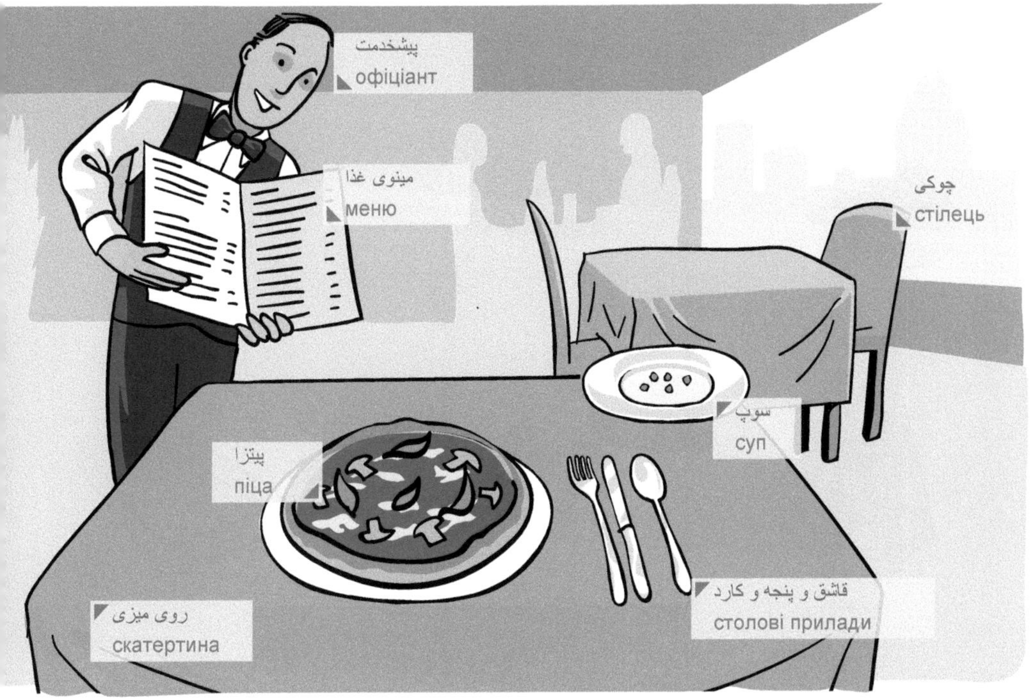

پیشخدمت
офіціант
مینوی غذا
меню
چوکی
стілець
سوپ
суп
پیتزا
піца
قاشق و پنجه و کارد
столові прилади
روی میزی
скатертина

پیش غذا

закуска

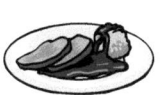

غذای اصلی

друга страва

شرینی

десерт

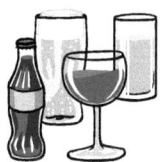

نوشیدنی ها

напої

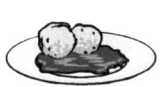

غذا

їжа

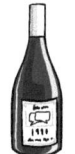

بوتل

пляшка

فاست فود

فاست-فود

غذای کنار سرک

вулична їжа

چاینک/ترموز

чайник

قندانی

цукорниця

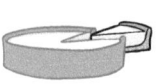

بخش غذا

порція

دستگاه اسپرسو

еспресо-машина

چوکی بلند

високий стільчик

بل

рахунок

پطنوس

піднос

چاقو

ніж

پنجه

вилка

قاشق

ложка

قاشق چای خوری

чайна ложка

دستپاک دسترخوان یا میز

серветка

گیلاس

склянка

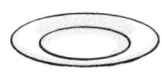

بشقاب

تارілка

بشقاب سوپ

тарілка для супу

نعلبکی

блюдце

چتنی

соус

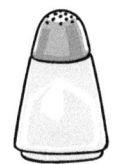

نمکدان

солонка

آسیاب مرچ

млин для перцю

سرکه

оцет

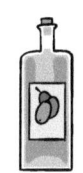

روغن خوراکی

масло

ادویه

спеції

کچاپ

кетчуп

ساس خردل

гірчиця

مایونز

майонез

سوپر مارکیت

супермаркет

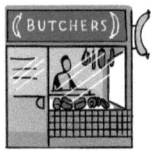

پیشنهاد خاص
пропозиція
FOR
مشتری
клієнт
لبنیات
молочні продукти
میوه
фрукти
چرخ دستی
візок для покупок

BUTCHERS

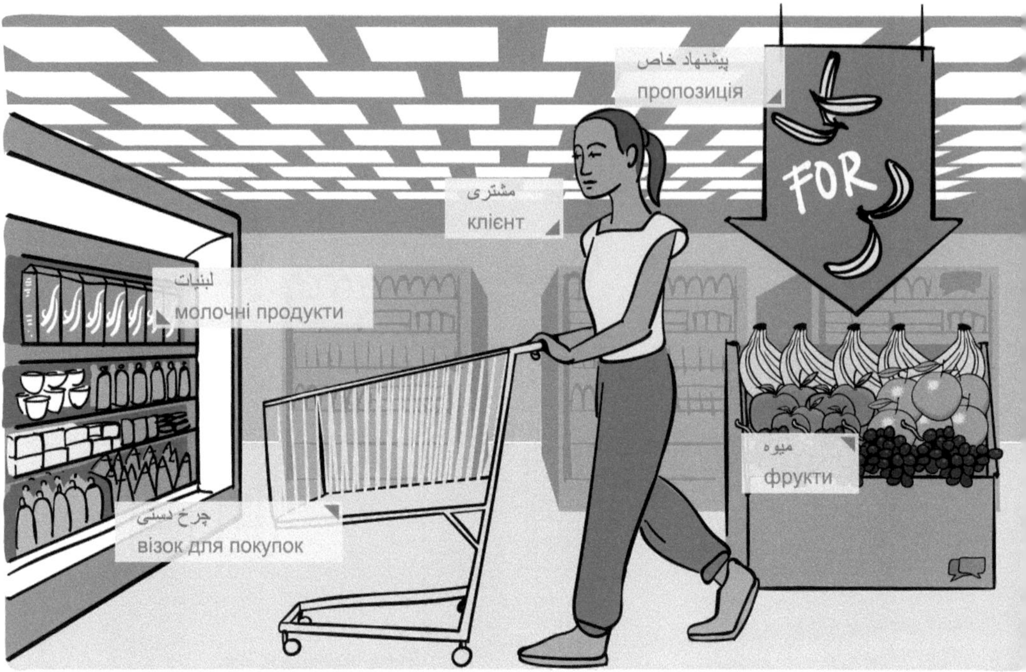

قصابی

....

м'ясний магазин

BAKERY

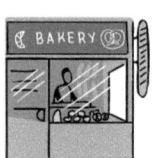

نانوایی

....

пекарня

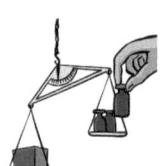

وزن کردن

....

зважувати

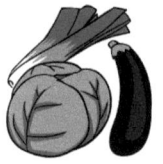

سبزیجات

....

овочі

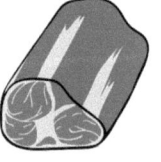

گوشت

....

м'ясо

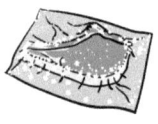

غذای منجمد

....

заморожені продукти

غذای سرد
....
ковбасна нарізка

غذای کنسر شده
....
консерви

پودر رختشویی
....
пральний порошок

شیرینی
....
солодощі

لوازم خانگی
....
предмети домашнього
побуту

محصولات پاک کننده
....
мийний засіб

فروشنده
....
продавщиця

دخل پیسه
....
каса

صندوقدار
....
касир

لست خرید
....
список покупок

ساعات کاری
....
часи роботи

بکسک جیبی
....
гаманець

کریدیت کارت
....
кредитна картка

بیگ
....
сумка

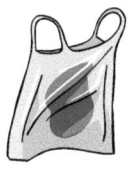

بیگ پلاستیکی
....
поліетиленовий пакет

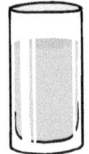

آب

вода

جوس

сік

شیر

молоко

نوشابه

кола

شراب

вино

بیر

пиво

الکول

алкоголь

ککو

какао

چای

чай

قهوه

кава

أسپرسو

еспресо

کاپوچینو

капучіно

كيله

банан

سيب

яблуко

مالته

апельсин

تربوز

кавун

ليمو

лимон

زردگ

морква

سير

часник

چوب خيزران

бамбук

پياز

цибуля

سمارق

гриб

مغزيات

горішки

آش

локшина

مكرونى

спагеті

برنج

рис

سلاد

салат

چیپس

картопля фрі

کچالو سرخ کرده

смажена картопля

پیتزا

піца

همبرگر

гамбургер

ساندویچ

бутерброд

کتلت

шніцель

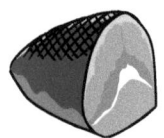

همبرگر

шинка

سالامى

салямі

ساسیج

ковбаса

مرغ

курка

کباب

печеня

ماهى

риба

فرنی جو

вівсяні пластівці

صبحانه رژیمی

мюслі

کورن فلکس

кукурудзяні пластівці

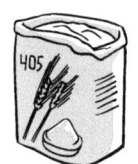

آرد

борошно

کروسانت

круасан

قرص نان

булочка

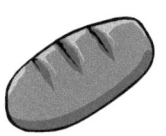

نان خشک

хліб

توست / نان بریان

тостовий хліб

بیسکیت

печиво

مسکه

масло

چکه

сир

کیک

пиріг

تخم مرغ

яйце

تخم مرغ سرخ شده

яєчня

پنیر

сир

آيسكريم

морозиво

شكر

цукор

عسل

мед

مربا

мармелад

مسكه چاكليت

нуга-крем

زردچوبه هندى

карі

مزرعه

ферма

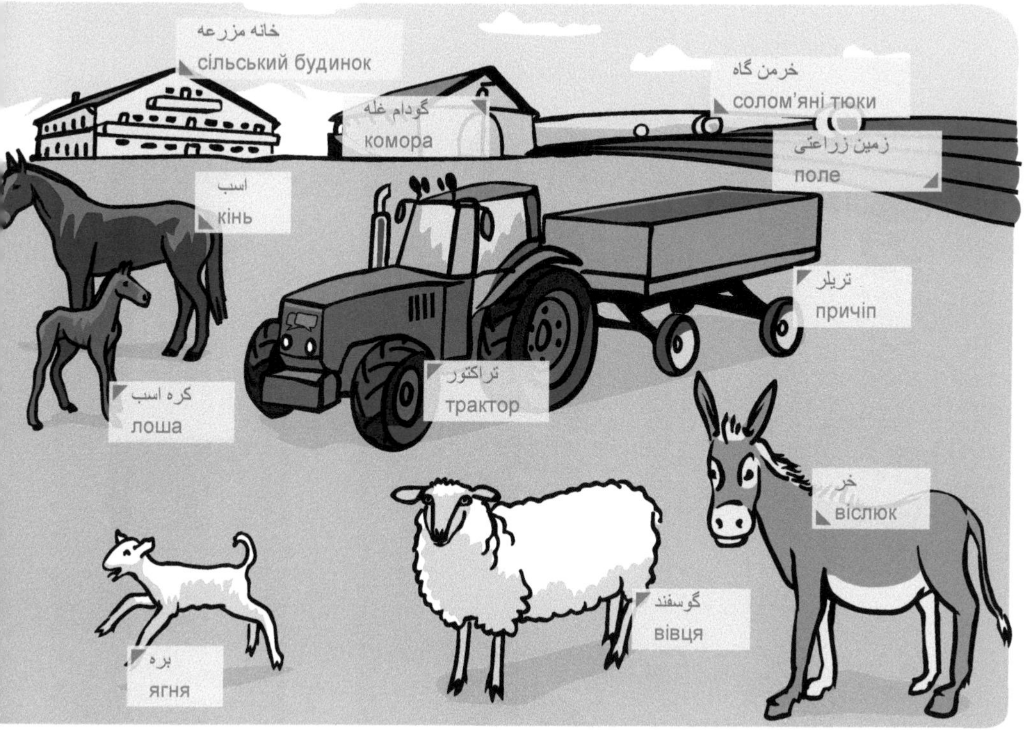

خانه مزرعه
сільський будинок
گودام غله
комора
خرمن گاه
солом'яні тюки
زمین زراعتی
поле
اسب
кінь
تریلر
причіп
کره اسب
лоша
تراکتور
трактор
خر
віслюк
گوسفند
вівця
بره
ягня

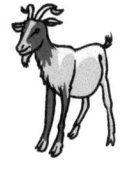

بز
коза

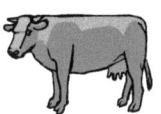

گاو
корова

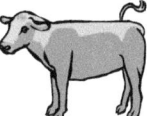

گوساله
теля

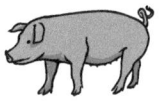

خوک
свиня

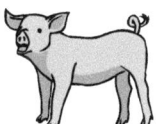

خوکچه
порося

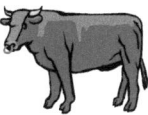

گاو نر
бик

قاز

گusак

مرغابی

качка

چوچه مرغ

курча

مرغ

курка

خروس

півень

موش صحرایی

щур

پیشک

кіт

موش

миша

گاومیش

віл

سگ

собака

خانه سگ

собача будка

خانه باغ

садовий шланг

آبپاش

лійка

داس

коса

قولبه كردن

плуг

داس

серп

کج بیل

мотика

چنگال باغبانی

вила

تبر

сокира

کراچی

тачка

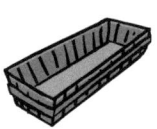

تغار

корито

قوطی شیر

бідон молока

بوجی

мішок

دیوار مرزی از چوب یا سیم خار دار

паркан

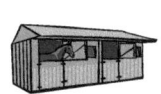

پایدار

хлів

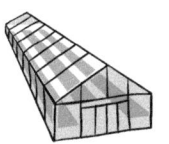

گلخانه

теплиця

خاک

ґрунт

تخم

насіння

کود

добриво

ماشین درو وخرمنکوبی

комбайн

درو کردن

پوژینати

пожинати

درو

урожай

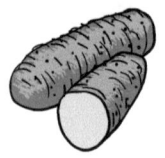

کچالو شرین

корінь ямсу

گندم

пшениця

سویا

соя

کچالو

картопля

جواری

кукурудза

کلزا

ріпак

درخت میوه

плодове дерево

مانیوک

маніок

غلات و حبوبات

злаки

خانه

дім

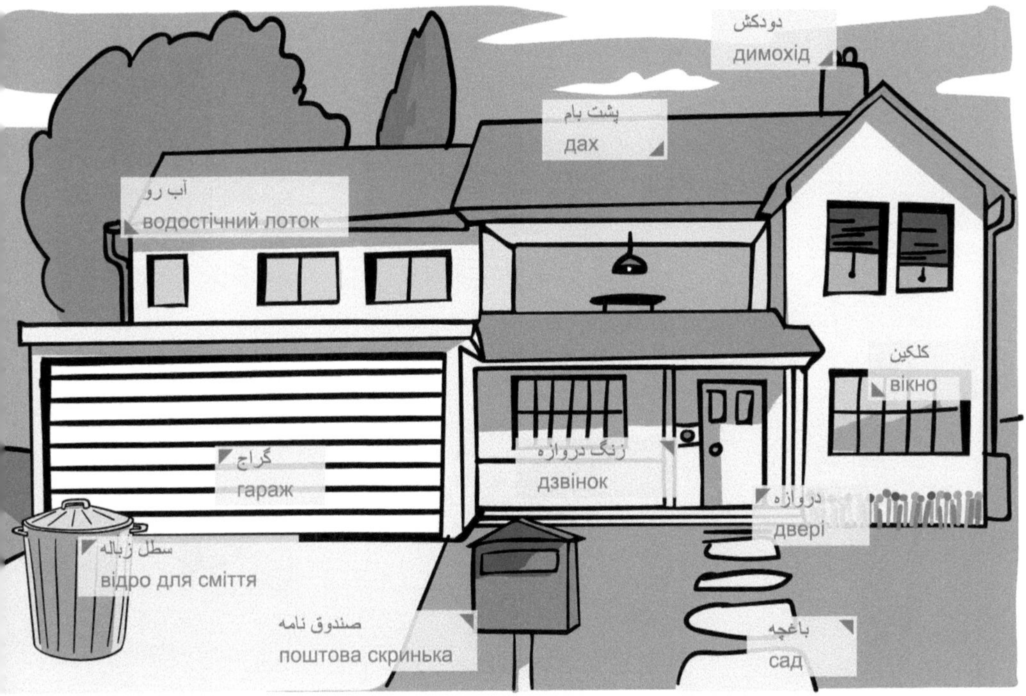

دودکش
димохід
پشت بام
дах
آب رو
водостічний лоток
کلکین
вікно
زنگ دروازه
дзвінок
گراج
гараж
دروازه
двері
سطل زباله
відро для сміття
صندوق نامه
поштова скринька
باغچه
сад

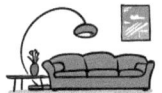

اطاق نشیمن

вітальня

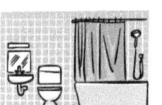

حمام / دستشویی

ванна кімната

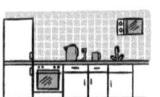

آشپزخانه

кухня

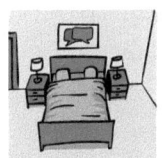

اطاق خواب

спальня

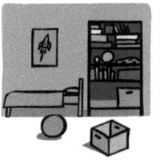

اطاق اطفال

дитяча кімната

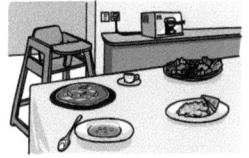

اطاق پذیرایی

їдальня

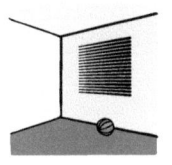

كف زمين

підлога

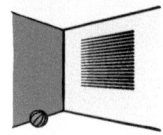

ديوار

стіна

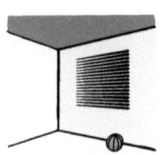

سقف

стеля

گودام زير زمينى

підвал

سونا

сауна

بالكن

балкон

برنده / بالكن

тераса

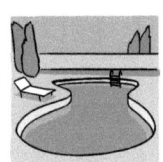

حوض

басейн

ماشين درو كردن چمن

косарка

ورق كاغذ

простирало

روجايى

ковдра

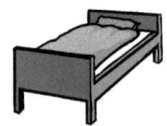

تختخواب

ліжко

جارو

мітла

سطل

відро

سويچ

перемикач

شپالری
كاغذ ديوارى

چراغ
لامپا

تصوير
малюнок

قفسه
поличка

كابينت
шафа

تلويزيون
телевізор

بخارى ديوارى
камін

گل
квітка

بالشت
подушка

گلدان
ваза

كوچ
диван

ريموت كنترول
пульт

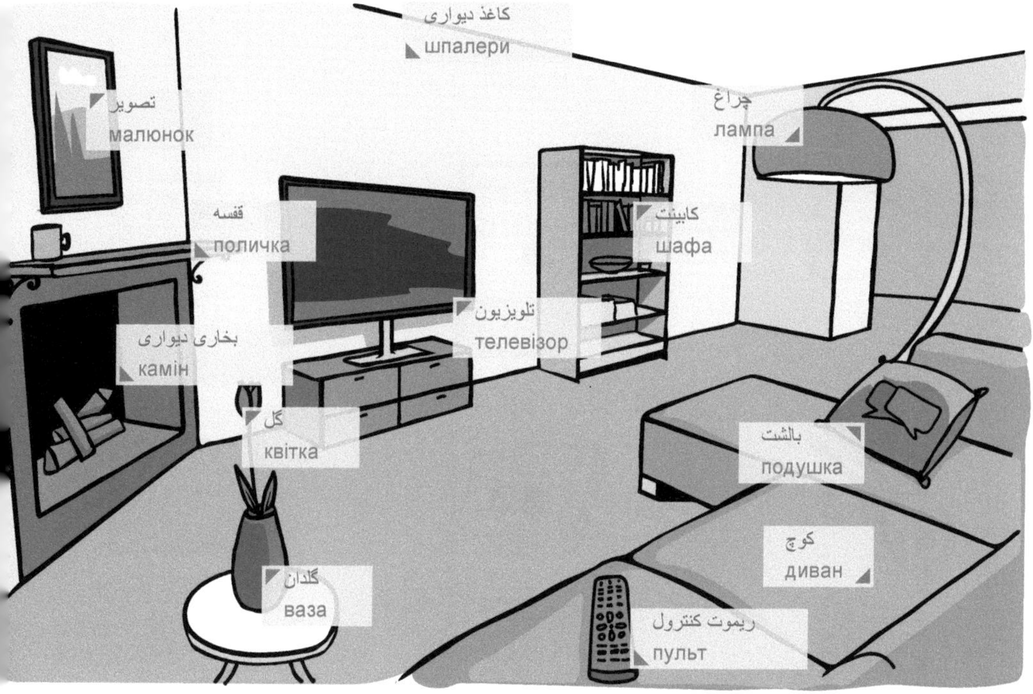

فرش

килим

پرده

завіса

ميز

стіл

چوكى

стілець

چوكى گهواره يى

крісло-гойдалка

چوكى دسته دار

крісло

كتاب

книга

کمپل

ковдра

دکوراسیون

прикраса

هیزم

дрова

فلم

фільм

سیستم های فای

стереосистема

کلید

ключ

روزنامه

газета

تابلوی نقاشی

картина

پوستر

плакат

رادیو

радіо

دفتر

блокнот

جاروبرقی

пилосос

کاکتوس

кактус

شمع

свічка

آشپزخانه
кухня

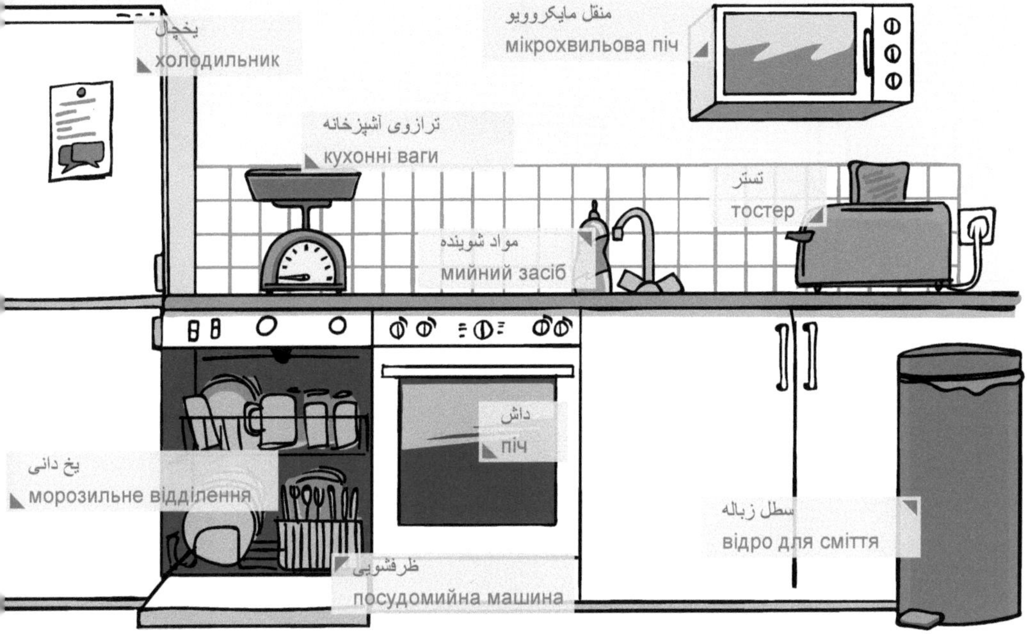
یخچال
холодильник
منقل مایکروویو
мікрохвильова піч
ترازوی آشپزخانه
кухонні ваги
تستر
тостер
مواد شوینده
мийний засіб
داش
піч
یخ دانی
морозильне відділення
سطل زباله
відро для сміття
ظرفشویی
посудомийна машина

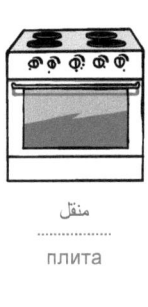

منقل
....
плита

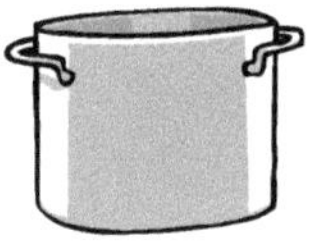

دیگ
....
горщик

دیگ چدنی
....
чавунний горщик

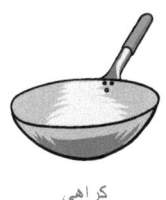

کراهی
....
вок / кадай

تابه
....
сковорода

چای جوش
....
чайник

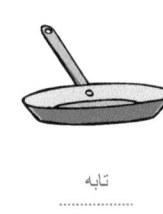

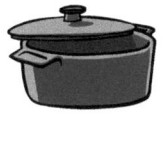

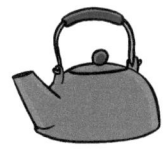

بخاريز

پاروварка

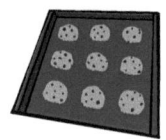

پطنوس طباخى

лист

ظروف

посуд

پياله كلان

кухоль

كاسه

чаша

چاپستيك ها

палички для їжі

ملاقه

черпак

كفگير

лопатка

مخلوط كننده

вінчик для збивання

چلو صاف

сито

غلبيل

сито

رنده

терка

هاونگ

ступка

بار بيكيو

барбекю

آتش باز

багаття

تخته برش

дошка

آشگز

качалка

سر بازکن

штопор

قوطی

конзерва

سر باز کن

відкривачка

دستگیره تکه ای

прихватки

ظرف شویی

раковина

برس ظرف شویی

щітка

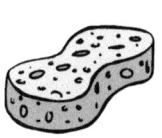

اسفنج

губка

مخلوط کن

міксер

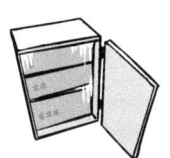

فریزر

морозильна камера

شیر چوشک اطفال

дитяча пляшка

نل آب

кран

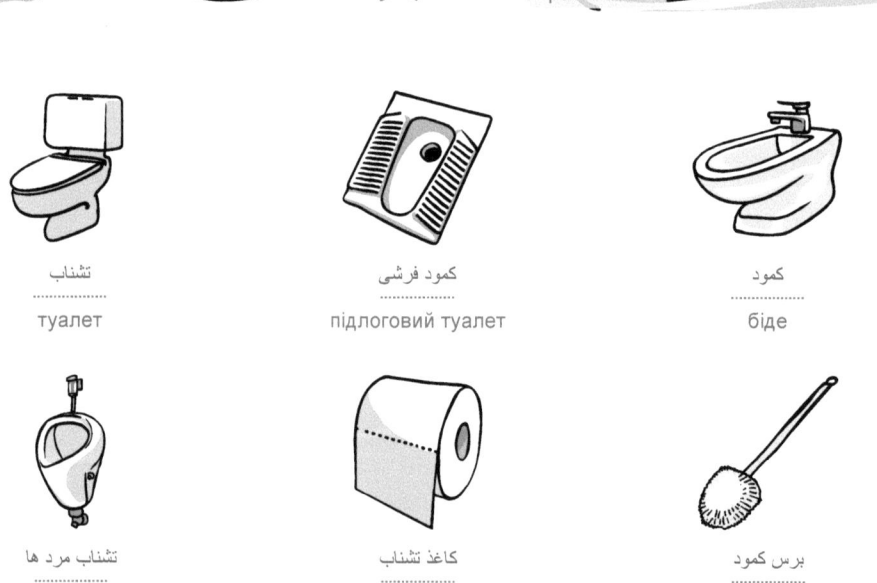

حمام / دستشویی
ванна кімната

گرم کننده
опалення
جان پاک
рушник
حمام کف
піниста ванна
تب حمام
ванна
ماشین لباسشویی
пральна машина
کاشی
плитка
پات اطفال
горшок
شاور
душ
پرده حمام
душова завіса
گیلاس
склянка
نل آب
кран
ظرف شویی
раковина

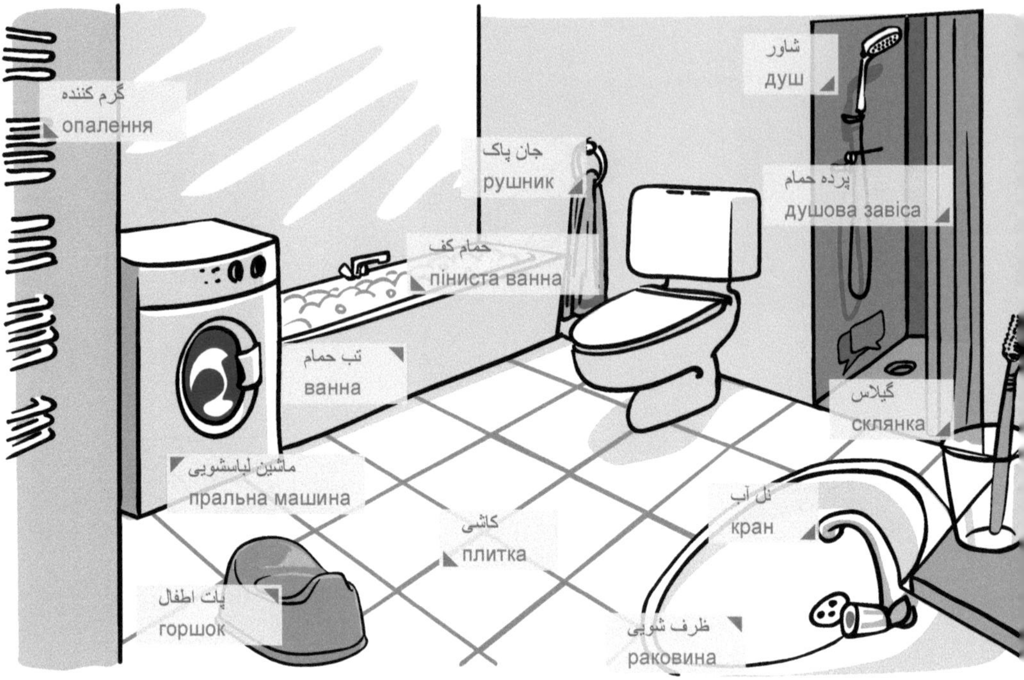

تشناب

туалет

کمود فرشی

підлоговий туалет

کمود

біде

تشناب مرد ها

пісуар

کاغذ تشناب

туалетний папір

برس کمود

щітка для туалету

برس دندان

زубна щітка

کریم دندان

зубна паста

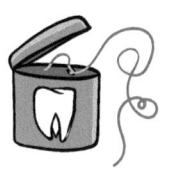

نخ دندان

нитка для чищення зубів

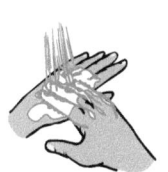

شستن

мити

شاور دستی

ручний душ

شاور کمود

інтимний душ

دستشویی

таз

برس پشت

щітка для спини

صابون

мило

جل حمام

гель для душу

شامپو

шампунь

لیف

мочалка

آب رو

водостік

کریم

крем

بوزدا

дезодорант

آینه

دзеркало

آینه دستی

косметичне дзеркало

ریش تراش

бритва

کف ریش تراشی

піна для гоління

کلونیا

лосьйон після гоління

شانه موی

гребінь

برس

щітка

سشوار

фен

اسپری مو

лак для волосся

آرایش

косметика

لب سرین

губна помада

رنگ ناخن

лак для нігтів

پشم پنبه

вата

ناخن گیر

ножиці для нігтів

عطر

парфум

کیسه شستشو

косметичка

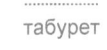

چوکی چار پایه

табурет

ترازوی وزن

ваги

جان پاک

халат

دستکش پلاستیکی

гумові рукавички

تامپون

тампон

کوتکس

гігієнічні прокладки

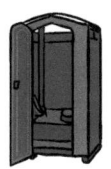

تشناب سیار

біотуалет

اطاق اطفال

дитяча кімната

ساعت زنگ دار
будильник
گدی های نرم
м'яка іграшка
موتر سامان بازی
іграшковий автомобіль
جرنگانه
брязкальце
خانه گدی
ляльковий будиночок
هدیه
подарунок

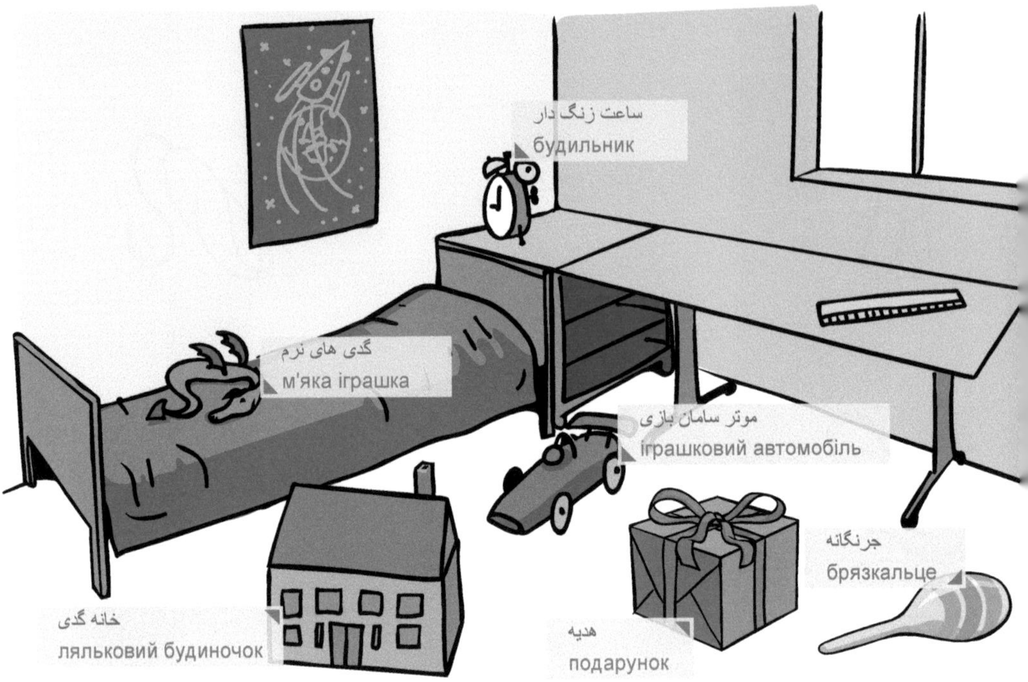

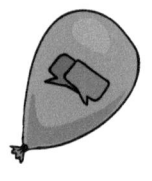

پوقانه

повітряна кулька

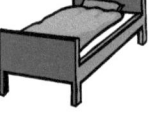

تختخواب

ліжко

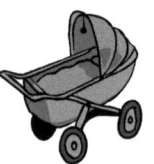

ریکشه اطفال

дитячий візок

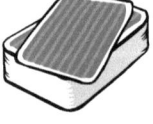

قطعه بازی

картярська гра

پازل

пазл

SUPER
MEGA

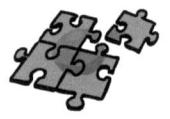

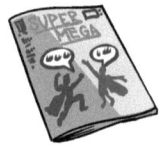

خنده آور

комікс

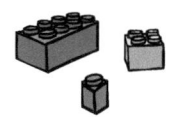

خشت های لگو

لего цеглинки

بلوک های سامان بازی

блоки

پچه فلم

іграшкова фігурка

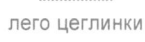

لباس طفل

повзунки

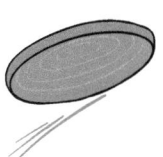

فریزبی

фризбі

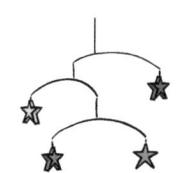

سامان بازی که روی تخت خواب اطفال اویزان می شود

мобіле

بازی تخته یی

настільна гра

تاس

кубик

ریل اسباب بازی

модель залізнична станція

چوشک

соска

مهمانی

вечірка

کتاب تصویری

книжка з картинками

توپ

м'яч

گدیگک

лялька

بازی کردن

грати

جعبه ریگ

················

пісочниця

گاز

················

гойдалка

اسباب بازی

················

іграшка

کنسول بازی کمپیوتری

················

гральна консоль

سه چرخه

················

триколісний велосипед

خرس سامان بازی

················

плюшевий мішка

الماری لباس

················

шафа

لباس

ОДЯГ

جوراب

················

шкарпетки

جوراب دراز

················

панчохи

برجس

················

колготки

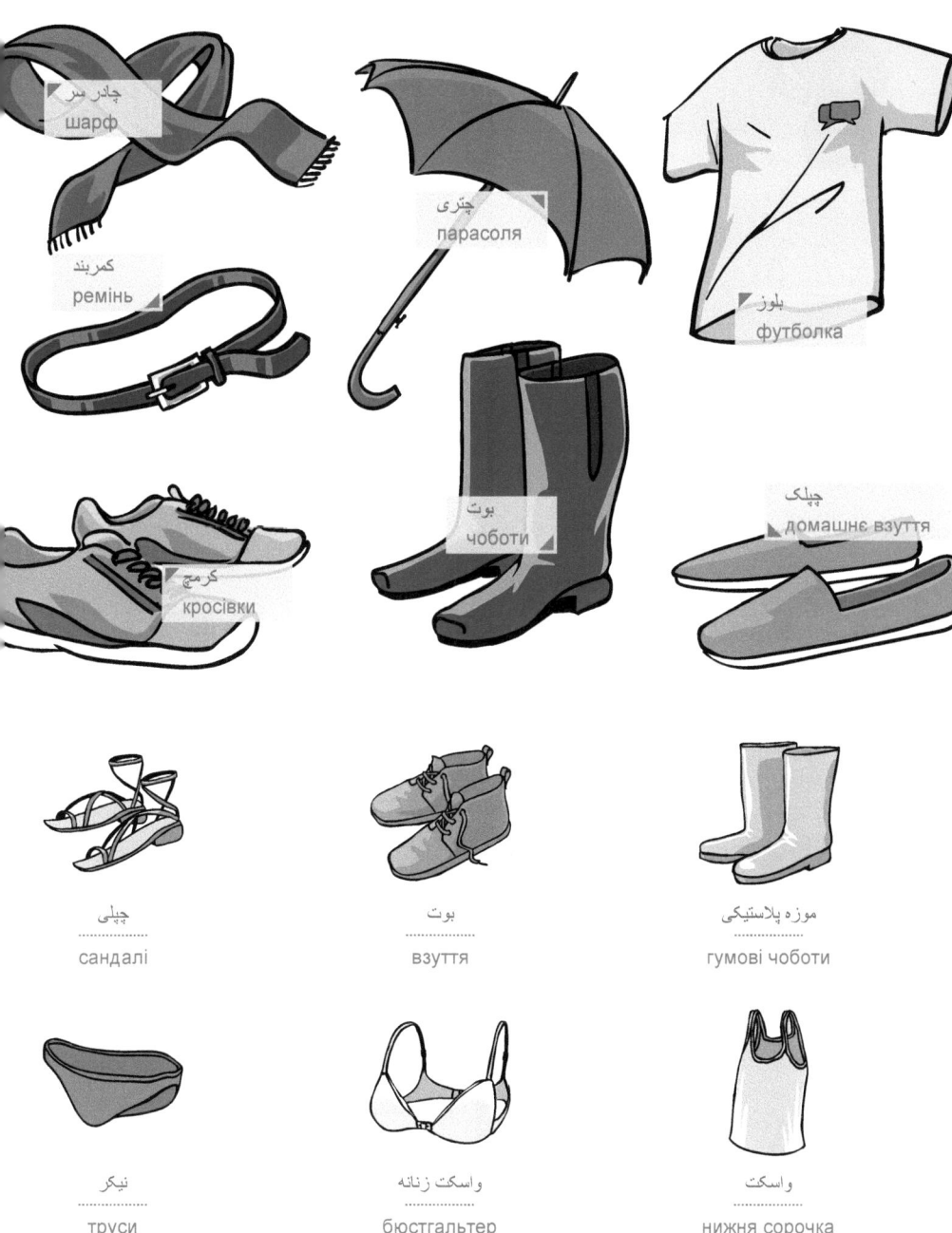

چادر سر
шарф

كمربند
ремінь

چترى
парасоля

بلوز
футболка

بوت
чоботи

چپلک
домашнє взуття

كرمچ
кросівки

چپلى
сандалі

بوت
взуття

موزه پلاستیکى
гумові чоботи

نیکر
труси

واسكت زنانه
бюстгальтер

واسكت
нижня сорочка

بدن

بودі

برزو

штани

پتلون کاوبای

джинси

دامن

спідниця

بلوز

блузка

پیراهن

сорочка

يالان

пуловер

جاکت کلاه دار

светр

جاکت

піджак

چمپر

куртка

کورتی

пальто

کوت بارانی

дощовик

لباس مخصوص مراسم

костюм

پیراهن

сукня

لباس عروسی

весільна сукня

دريشی

костюм

لباس خواب

нічна сорочка

پاجامه

піжама

ساری

сарі

چادر سر

головна хустка

لنگی

чалма

چادری

бурка

کفتان

кафтан

چادر

абая

لباس آببازی

купальник

نیکر پاچه دار

плавки

پتلون نصفه

шорти

لباس ورزشی

тренувальний костюм

پیش بند

фартух

دستکش

рукавички

دكمه

گودزیك

عینک

окуляри

دستبند

браслет

گردن بند

ланцюг

انگشتر

кільце

گوشواره

сережка

کلاه پیک دار

шапка

کوت بند

плічка

کلاه

капелюх

نیکتایی

краватка

زیپ

застібка-блискавка

کلاه مصون

шолом

بند تنبان

підтяжки

یونیفورم مکتب

шкільна форма

یونیفورم

уніформа

پیش بند

ناگرودنیک / нагрудник

چوشک

соска

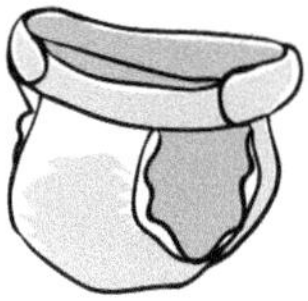

پمپر

підгузок

سرور
сервер

المارى اسناد
шаф для документів

مانیتور
монітор

كاغذ
папір

پرينتر
принтер

ماوس
миша

ميز كار
письмовий стіл

فولدر
папка

كيبورد
синтезатор

سبد كاغذ باطله
кошик для паперу

كمپيوتر
комп'ютер

چركى
стілець

گيلاس قهوه

кавовий кухоль

ماشين حساب

калькулятор

اينترنت

інтернет

لپ تاپ

ноутбук

نامه

лист

پیام

повідомлення

موبایل

мобільний телефон

شبکه

мережа

ماشین فوتوکاپی

копіювальний пристрій

نرم افزار

програмне забезпечення

تلیفون

телефон

پلک

розетка

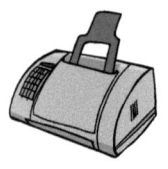

دستگاه فکس

факс

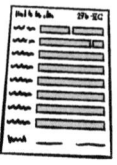

فورمه

бланк

سند

документ

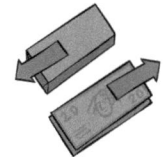

خرید کردن

купувати

پرداختن

платити

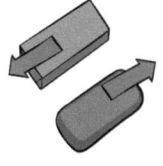

تجارت کردن

торгувати

پول

гроші

دالر

долар

یورو

євро

ین

ієна

روبل

рубль

فرانک سوئیس

франк

یوان رنمینبی

юанів женьміньбі

روپیه

рупія

خودپرداز

банкомат

دفتر صرافی

обмінний пункт

طلا

золото

نقره

срібло

نفت

нафта

انرژی

енергія

قیمت

ціна

قرارداد

контракт

مالیات

податок

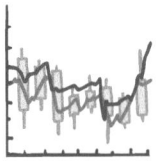

سهام

акція

کار کردن

працювати

کارمند

працівник

استخدام کننده

роботодавець

فابریکه

фабрика

مغازه

магазин

شغل ها

професії

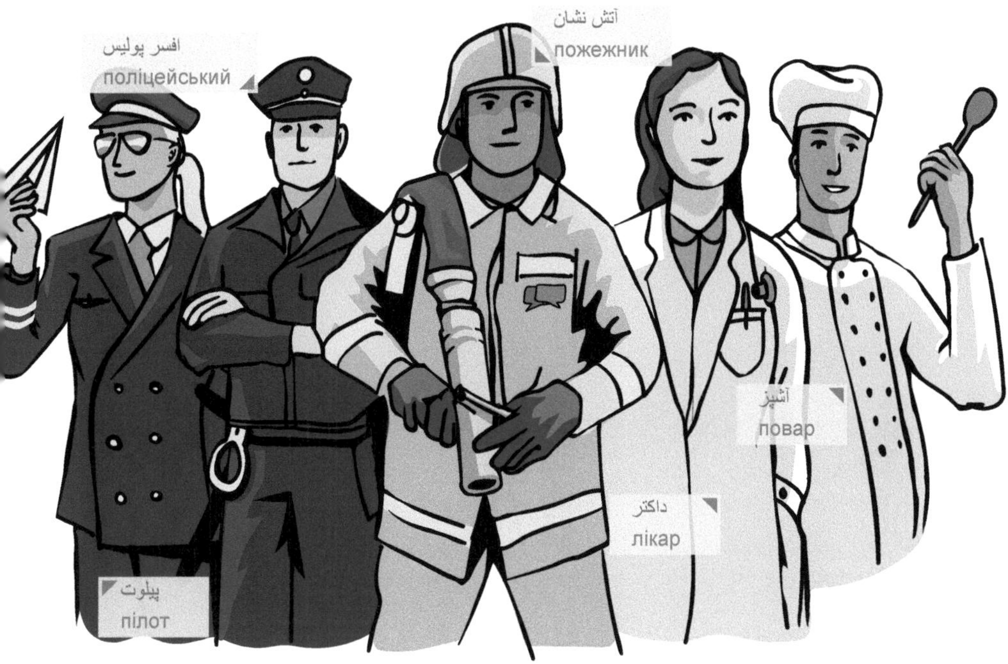

افسر پولیس
поліцейський
آتش نشان
пожежник
پیلوت
пілот
داکتر
лікар
آشپز
повар

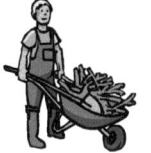

باغبان

садівник

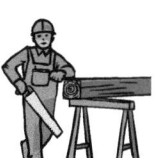

نجار

столяр

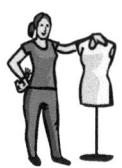

خیاط

швачка

قاضی

суддя

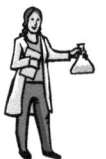

کیمیا دان

хімік

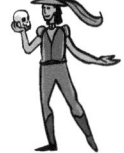

بازیگر

актор

راننده بس

водій автобуса

راننده تکسی

таксист

ماهیگیر

рибалка

خدمه

прибиральниця

سقف ساز

покрівельник

پیشخدمت

офіціант

شکارچی

мисливець

نقاش

художник

نانوا

пекар

برقی

електрик

بنا

будівельник

انجینر

інженер

قصاب

забійник

نلدوان

бляхар

پستچی

листоноша

سرباز

солдат

معمار

архітектор

صندوقدار

касир

گل فروش

флорист

آرایشگر

перукар

مامور تکت ریل

кондуктор

میخانیک

механік

کاپیتان

капітан

داکتر دندان

дантист

دانشمند

вчений

خاخام/ عالم یهودی

рабин

امام

імам

راهب

монах

ملا

пастор

ابزار
інструменти

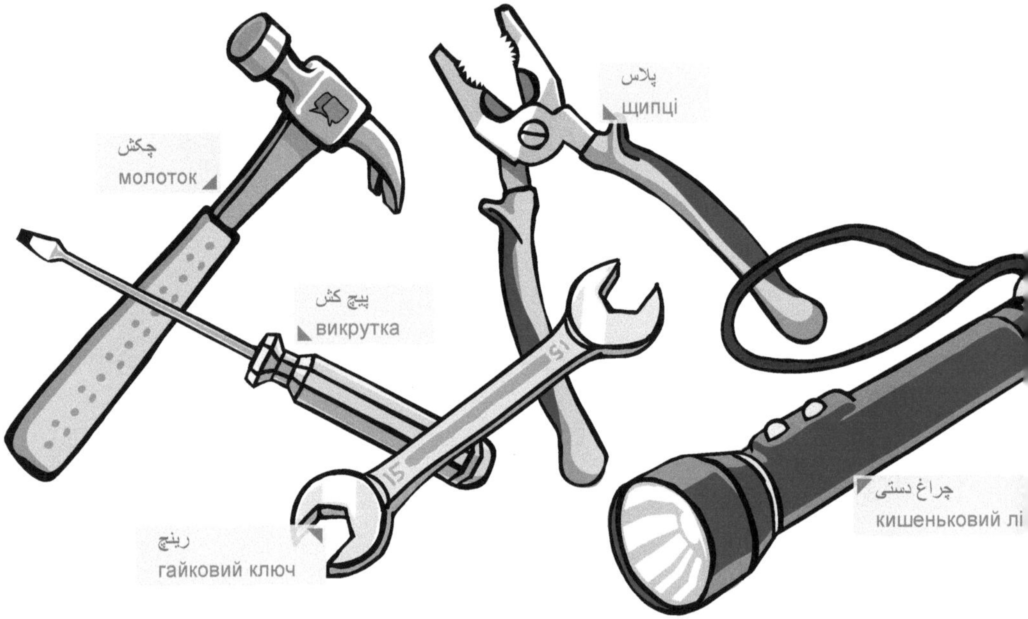
چکش
молоток
پلاس
щипці
پیچ کش
викрутка
رینچ
гайковий ключ
چراغ دستی
кишеньковий лі

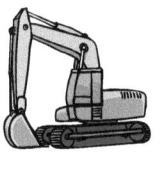

ماشین حفاری

екскаватор

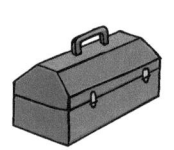

جعبه ابزار

ящик для інструментів

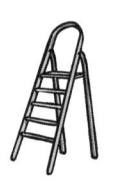

زینه

драбина

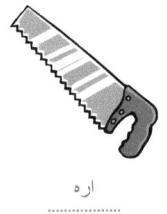

اره

пилка

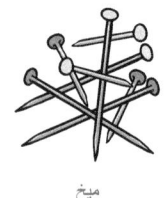

میخ

цвяхи

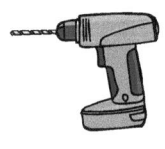

برمه

свердло

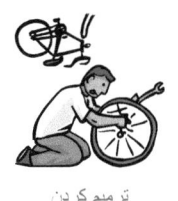

ترمیم کردن

ремонтувати

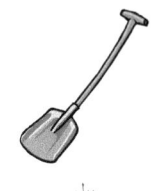

بیل

лопата

لعنتی!

лайно!

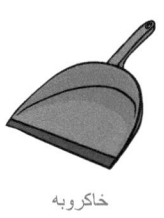

خاکروبه

совок

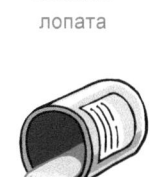

سطل رنگ

відро з фарбою

پیچ

гвинти

آلات موسیقی

музичні інструменти

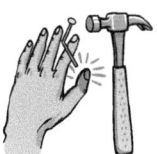

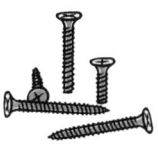

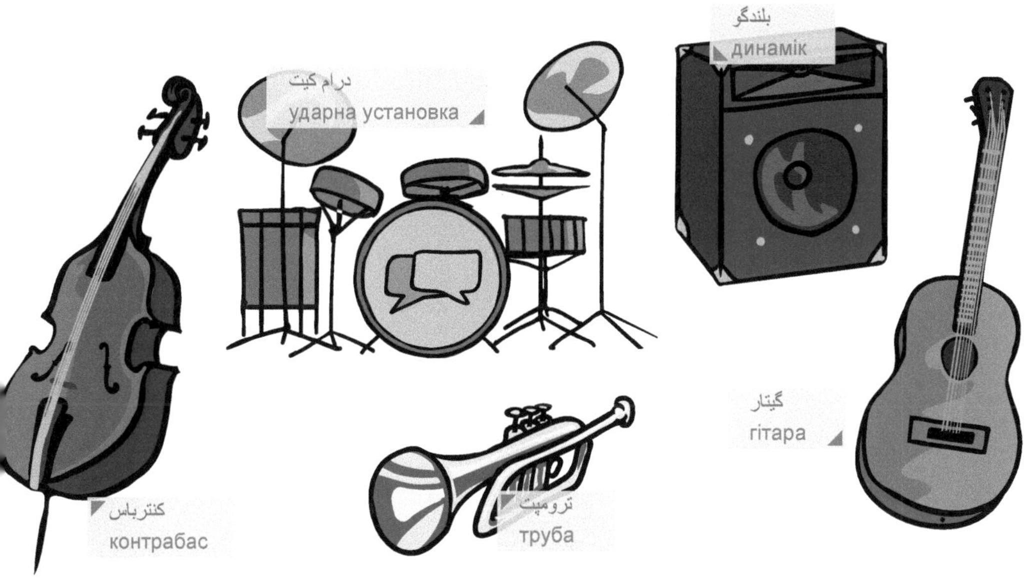
بلندگو
динамік
درام کیت
ударна установка
گیتار
гітара
کنترباس
контрабас
ترومپت
труба

پیانو

فورتەپیانو

وایلن

скрипка

گیتار بیس

бас

دهل

литаври

دول

барабан

پیانوی برقی

клавіатура

ساکسوفون

саксофон

تۆله

флейта

میکروفون

мікрофон

باغ وحش
зоопарк

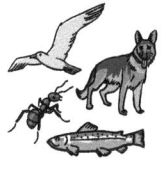

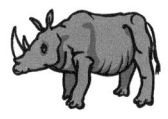

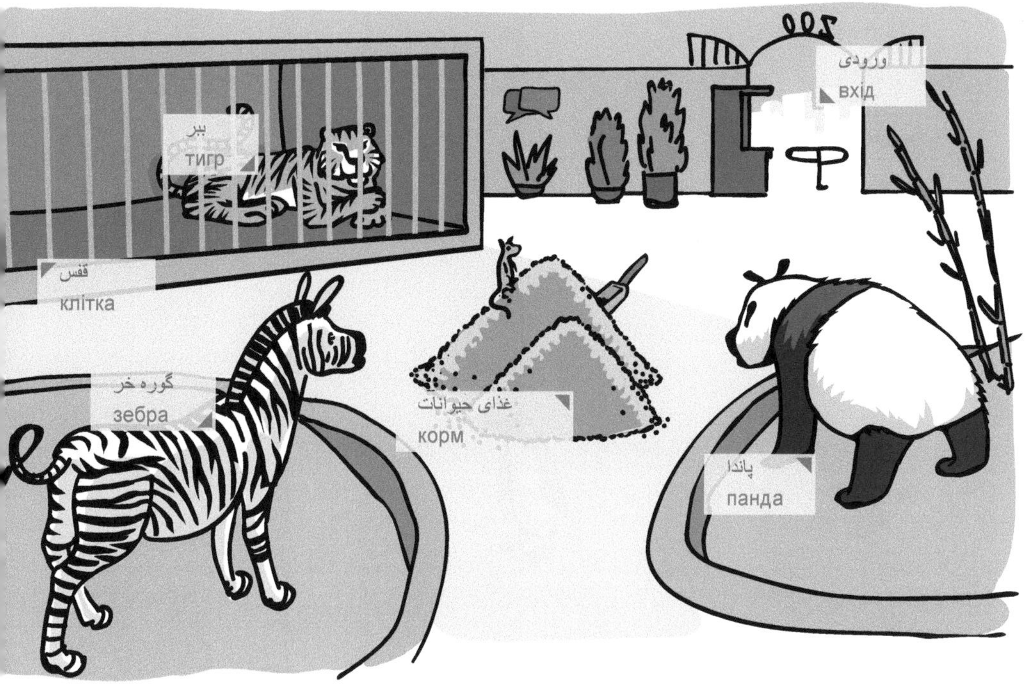
ورودی
вхід
ببر
тигр
قفس
клітка
گوره خر
зебра
غذای حیوانات
корм
پاندا
панда

حیوانات
тварини

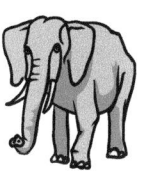

فیل
слон

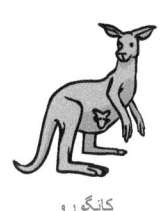

کانگورو
кенгуру

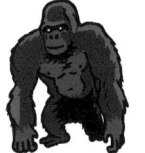

غژ گاو
носоріг

گوریلا
горила

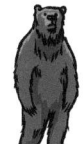

خرس
ведмідь

شتَر

верблюд

شترمرغ

страус

شیر

лев

میمون

мавпа

فلامینگو

фламінго

طوطی

папуга

خرس قطبی

білий ведмідь

پنگوئن

пінгвін

کوسه

акула

طاووس

павич

مار

змія

تمساح

крокодил

نگهبان باغ وحش

працівник зоопарку

سگ آبی

тюлень

پلنگ خالدار امریکایی

ягуар

اسب کوچک

پونی

پلنگ

леопард

اسب آبی

гіпопотам

زرافه

жираф

عقاب

орел

خوک وحشی

кабан

ماهی

риба

سنگ پشت

черепаха

شیر دریایی

морж

روباه

лисиця

غزال

газель

فوتبال امریکایی
американський футбол

بایسکل سواری
їзда на велосипеді

تنیس
теніс

باسکتبال
баскетбол

آب بازی
плавання

بوکس
бокс

هاکی روی یخ
хокей

فوتبال
футбол

بدمینتون
бадмінтон

ورزشکاری
легка атлетика

هندبال
гандбол

اسکی
лижні перегони

پولو
поло

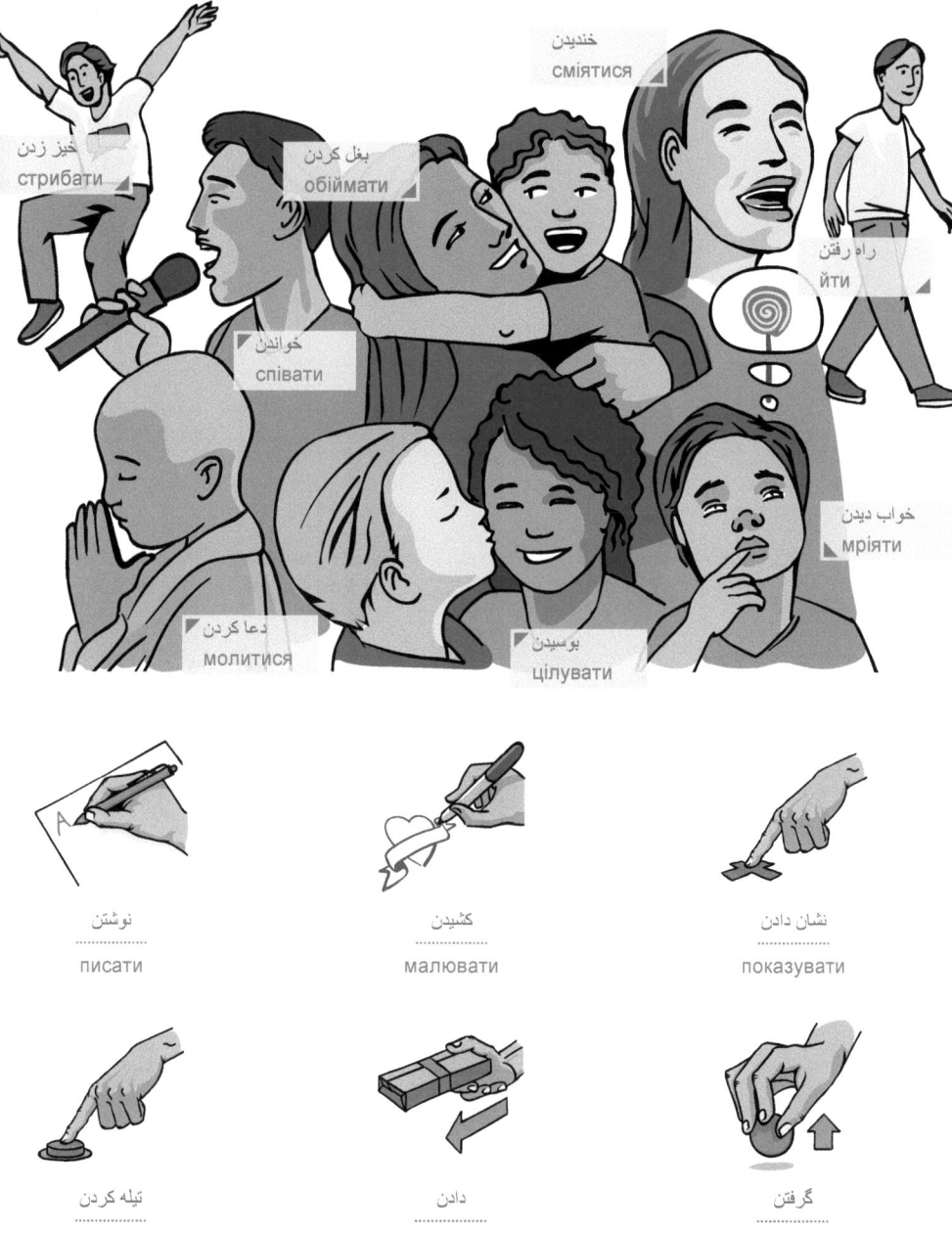

خیز زدن
стрибати

بغل کردن
обіймати

خندیدن
сміятися

راه رفتن
йти

خواندن
співати

دعا کردن
молитися

بوسیدن
цілувати

خواب دیدن
мріяти

نوشتن
писати

کشیدن
малювати

نشان دادن
показувати

تیله کردن
тиснути

دادن
давати

گرفتن
брати

داشتن

مати

انجام دادن

робити

بودن

бути

ایستادن

стояти

دویدن

бігати

کش کردن

тягнути

پرتاب کردن

кидати

افتادن

падати

دروغ گفتن

лежати

صبر کردن

очікувати

حمل کردن

носити

نشستن

сидіти

لباس پوشیدن

одягати

خوابیدن

спати

بیدار شدن

просипатися

نگاه کردن

دивитися

گریه کردن

плакати

ضربه زدن

гладити

شانه کردن

розчісувати

صحبت کردن

розмовляти

فهمیدن

розуміти

پرسیدن

питати

گوش دادن

слухати

نوشیدن

пити

خوردن

їсти

مرتب کردن

прибирати

عشق ورزیدن

любити

پختن

варити

راننده گی کردن

їхати

پرواز کردن

літати

روی آب حرکت کردن

йти під вітрилом

حساب کردن

рахувати

خواندن

читати

یاد گرفتن

вчитися

کار کردن

працювати

ازدواج کردن

одружуватися

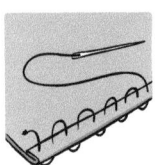

دوختن

шити

برس کردن دندان ها

чистити зуби

کشتن

убивати

سگریت کشیدن

курити

فرستادن

посилати

آؤ - فعالیت ها

مادرکلان
بابуся

پدرکلان
дідуся

پدر
батько

مادر
мати

نوزاد
немовля

دختر
донька

پسر
син

مهمان
....
гість

عمه / خاله
....
тітка

ماما/کاکا
....
дядько

برادر
....
брат

خواهر
....
сестра

پیشانی
چولو
чоло

چشم
око

روی
обличчя

زنخ
підборіддя

سینه
груди

شانه
плече

انگشت
палець

دست
кисть

بازو
рука

پا
нога

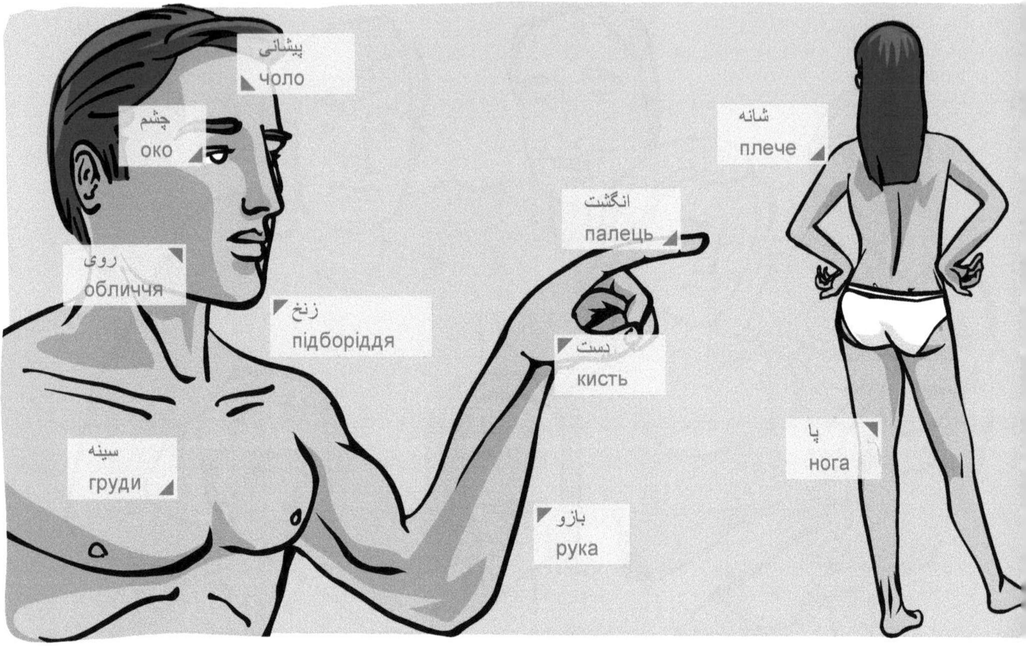

نوزاد

немовля

مرد

чоловік

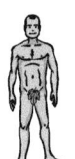

زن

жінка

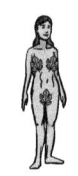

دختر

дівчина

پسر

хлопчик

سر

голова

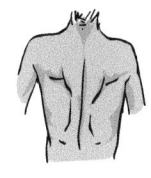

كمر

спина

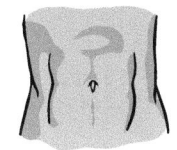

شكم

живіт

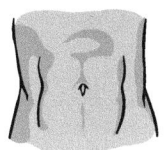

ناف

пуп

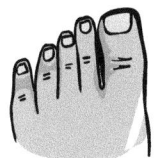

انگشت پا

палець ноги

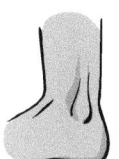

کوری پای

п'ята

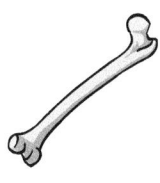

استخوان

кістка

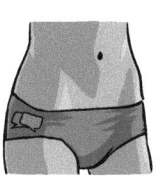

كمر

стегно

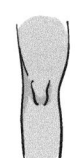

زانو

коліно

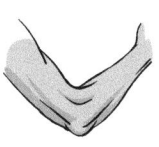

آرنج

лікоть

بینی

ніс

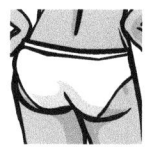

سرین

сідниці

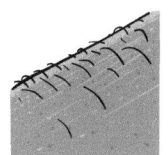

پوست

шкіра

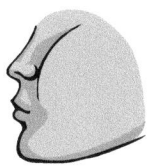

گونه

щока

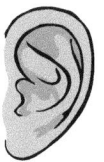

گوش

вухо

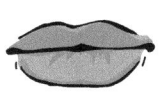

لب

губа

دهان

رот

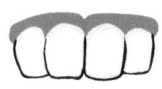

دندان

зуб

زبان

язик

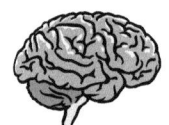

مغز

мозок

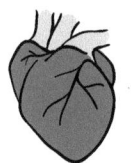

قلب

серце

عضله

м'яз

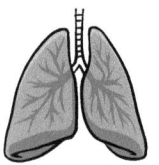

شش

легені

جگر

печінка

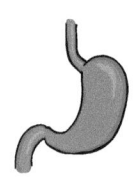

معده

шлунок

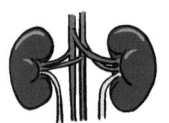

گرده

нирки

رابطه جنسی

статевий акт

کاندوم

презерватив

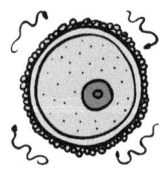

تخمه

яйцеклітина

آب منی

сперма

حاملگی

вагітність

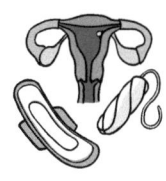

قاعده گی

менструація

مجرای تناسلی زن

вагіна

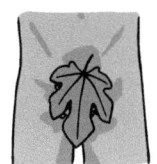

آلت تناسلی مرد

пеніс

ابرو

брова

مو

волосся

گردن

шия

شفاخانه
лікарня

شفاخانه
лікарня
آمبولانس
машина швидкої допомоги
چوکی چرخدار
інвалідний візок
شکستگی
перелом

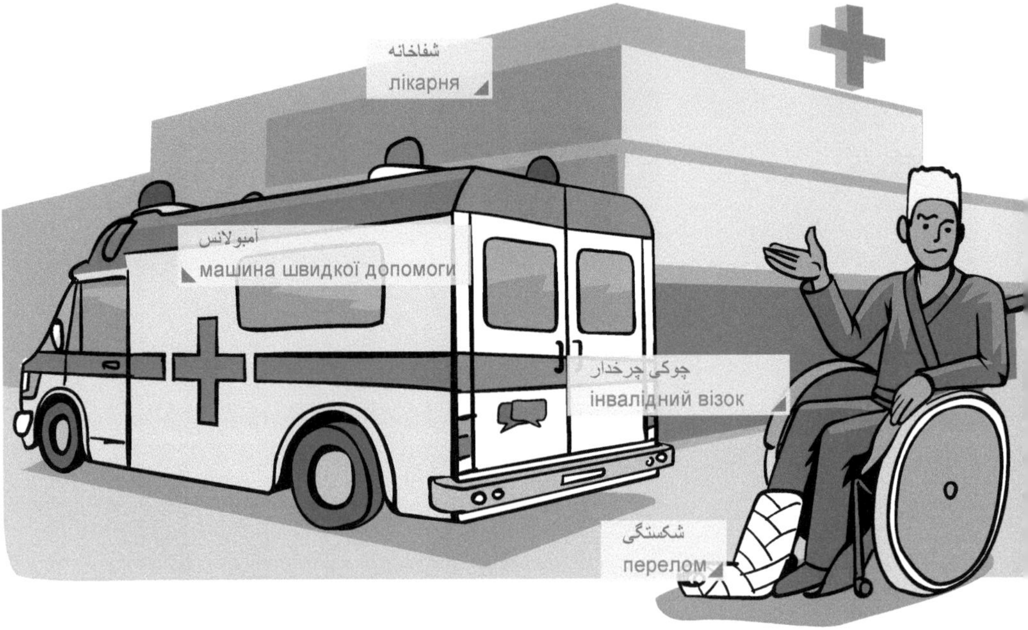

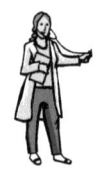

داکتر

лікар

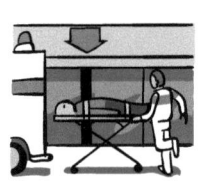

اطاق عاجل

відділення швидкої медичної допомоги

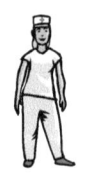

نرس

медсестра

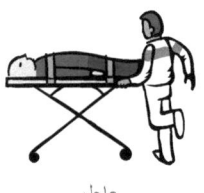

عاجل

аварійний випадок

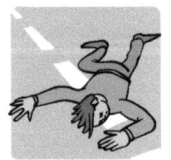

بیهوش

непритомний

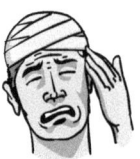

درد

біль

جراحت

травма

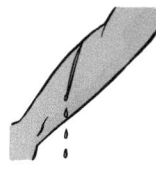

خونریزی

кровотеча

حمله قلبی

інфаркт

سکته مغزی

інсульт

حساسیت

алергія

سرفه

кашель

تب

лихоманка

انفلوانزا

грип

اسهال

пронос

سردرد

головна біль

سرطان

рак

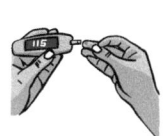

شکر

діабет

جراح

хірург

چاقوی جراحی

скальпель

عملیات

операція

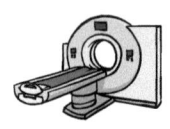

سی تی

КТ

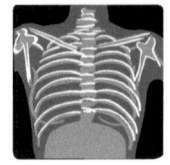

ایکسری

рентген

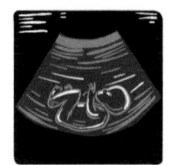

سونوگرافی

ультразвук

ماسک روی

маска

مریضی

хвороба

اطاق انتظار

зал очікування

عصا

милиця

گچ

пластир

پانسمان

пов'язка

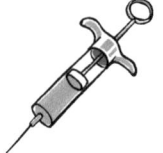

تزریق

ін'єкція

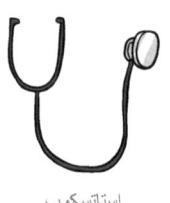

استاتسکوپ

стетоскоп

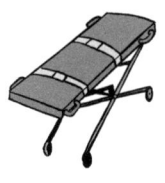

تذکره

ноші

ترمامیتر کلینیکی

термометр

تولد

народження

اضافه وزن

надмірна вага

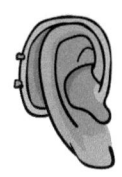

سمعک

слуховий апарат

ضدعفونی کننده

дезінфікуючий засіб

عفونت

інфекція

وایروس

вірус

اچ آی وی / ایدز

ВІЛ / СНІД

ادویه

медицина

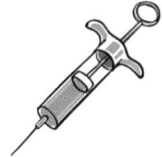

واکسیناسیون

вакцинація

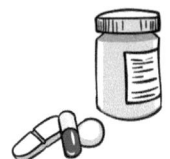

تابلیت ها

таблетки

تابلیت

протизаплідна пігулка

تماس اضطراری

екстрений виклик

مانیتور فشار خون

тонометр

بیمار / سالم

хворий / здоровий

کمک!

Допоможіть!

زنگ هشدار

сигнал тривоги

تجاوز

напад

حمله

атака

خطر

небезпека

خروج اضطراری

аварійний вихід

آتش!

Вогонь!

آله ضد حریق

вогнегасник

حادثه

аварія

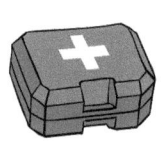

بکسه کمک های اولیه

аптечка

پیام اضطراری

SOS

پولیس

поліція

اروپا

Європа

امریکای شمالی

Північна Америка

امریکای جنوبی

Південна Америка

آفریقا

Африка

آسیا

Азія

استرالیا

Австралія

اقیانوس اطلس

Атлантика

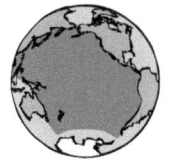

اقیانوس آرام

Тихий океан

اقیانوس هند

Індійський океан

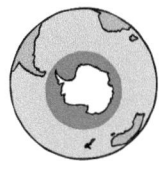

اقیانوس منجمد جنوبی

Антарктичний океан

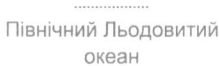

اقیانوس منجمد شمالی

Північний Льодовитий
океан

قطب شمال

Північний полюс

قطب جنوب

Південний полюс

قاره قطب جنوب

Антарктика

زمین

Земля

خشکی

суша

دریا

море

جزیره

острів

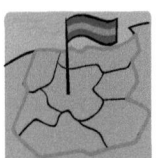

ملت

нація

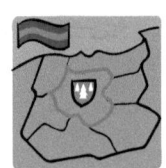

کشور

держава

ГОДИННИК

روی ساعت

циферблат

عقربه ساعت شمار

годинникова стрілка

عقربه دقیقه شمار

хвилинна стрілка

عقربه ثانیه شمار

секундна стрілка

ساعت چند است؟

Котра година?

روز

день

زمان

час

اکنون

зараз

ساعت دستی دیجیتل

цифровий годинник

دقیقه

хвилина

ساعت

година

دوشنبه
Понеділок

چهارشنبه
Середа

جمعه
П'ятниця

TU

سه شنبه
Вівторок

TH
شنبه
Субота

SA

SO

پنجشنبه
Четвер

یکشنبه
Неділя

دیروز
вчора

امروز
сьогодні

فردا
завтра

صبح
ранок

ظهر
опівдні

غروب
вечір

روزهای کاری
робочі дні

آخر هفته
кінець робочого тижня

باران
дощ

رنگین کمان
веселка

برف
сніг

شمال
вітер

بهار
весна

خزان
осінь

تابستان
літо

زمستان
зима

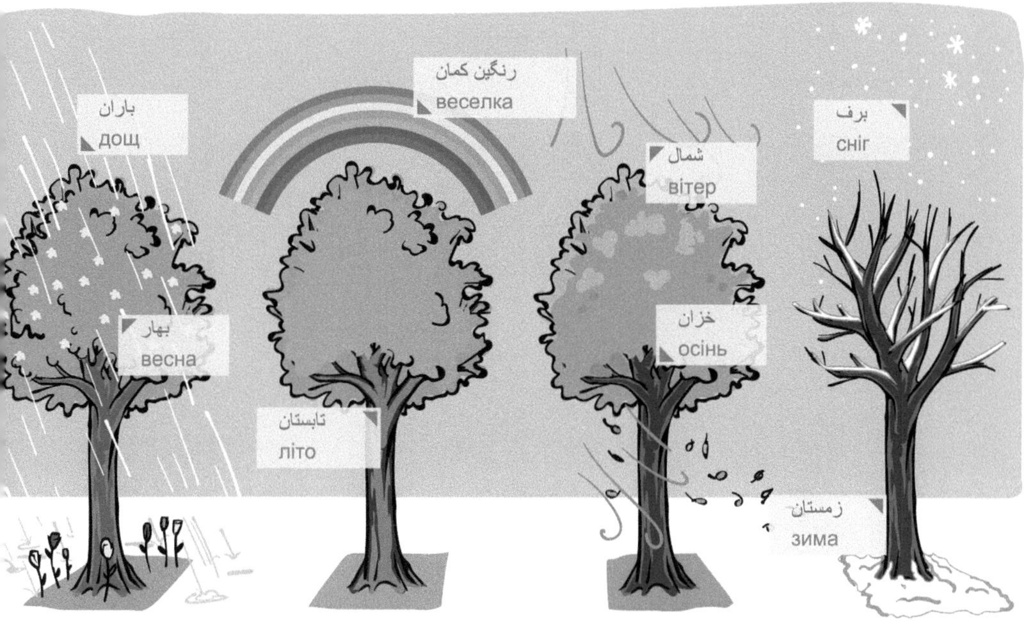

پیش بینی آب و هوا
прогноз погоди

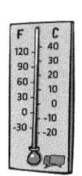

ترمامیتر
термометр

آفتاب
сонячне світло

ابر
хмара

غبار
туман

رطوبت
вологість повітря

رعد و برق

блискавка

الماسک

грім

طوفان

шторм

ژاله

град

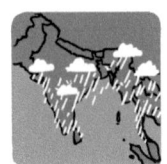

موسم بارندگی

мусон

سیل

повінь

یخ

лід

جنوری

Січень

فبروری

Лютий

مارچ

Березень

اپریل

Квітень

می

Травень

جون

Червень

جولای

Липень

اگست

Серпень

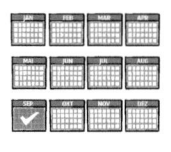

سپتّمبر
....
Вересень

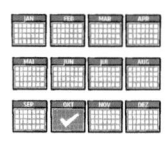

اکتوبر
....
Жовтень

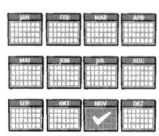

نومبر
....
Листопад

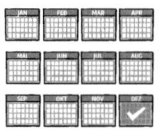

دسمبر
....
Грудень

دایره
....
круг

مربع
....
квадрат

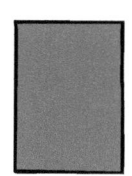

مستطيل
....
прямокутник

مثلث
....
трикутник

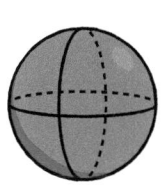

كره
....
куля

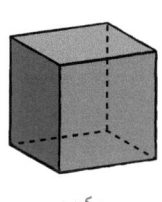

مكعب
....
куб

سفید

білий

زرد

жовтий

نارنجی

помаранчевий

گلابی

рожевий

سرخ

червоний

بنفش

фіолетовий

آبی

синій

سبز

зелений

نصواری/قهوه یی

коричневий

خاکستری

сірий

سیاه

чорний

زیاد / کم

багато / мало

عصبانی / آرام

лютий / мирний

مقبول / بدرنگ

гарний / бридкий

أغاز / پایان

початок / кінець

بزرگ / کوچک

великий / малий

روشن / تیره

світлий / темний

برادر / خواهر

брат / сестра

پاک / کثیف

чистий / брудний

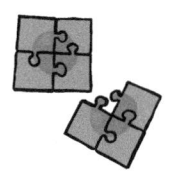

کامل / ناقص

завершений /
незавершений

روز / شب

день / ніч

مرده / زنده

мертвий / живий

عریض / باریک

широкий / вузький

خوراکی / غیر خوراکی

їстівний / неїстівний

عصبانی / دوستانه

злий / дружній

هیجان زده / کسل

збуджений / нудьгуючий

چاق / لاغر

товстий / тонкий

اول / آخر

спочатку / востаннє

دوست / دشمن

друг / ворог

پر / خالی

повний / порожній

سخت / نرم

жорсткий / м'який

سنگین / سبک

важкий / легкий

گرسنگی / تشنگی

голод / спрага

بیمار / سالم

хворий / здоровий

غیر قانونی / قانونی

незаконний / законний

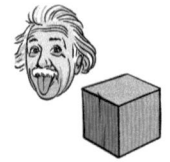

باهوش / احمق

розумний / дурний

چپ / راست

вліво / вправо

نزدیک / دور

поруч / далеко

نو / کهنه
....
новий / використаний

هیچ چیز / چیزی
....
нічого / щось

پیر / جوان
....
старий / молодий

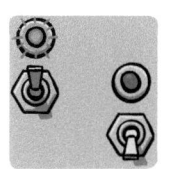

روشن / خاموش
....
вкл / викл

باز / بسته
....
відкрито / закрито

بی صدا / پر سر و صدا
....
тихо / гучно

ثروتمند / فقیر
....
багатий / бідний

صحیح / غلط
....
правильно / неправильно

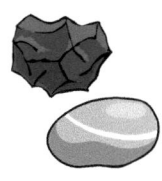

ناهموار / هموار
....
шорсткий / гладкий

غمگین / خوشحال
....
сумний / щасливий

کوتاه / بلند
....
короткий / довгий

آهسته / سریع
....
повільно / швидко

تر / خشک
....
вологий / сухий

گرم / سرد
....
гарячий / холодний

جنگ / صلح
....
війна / мир

числа

0

صفر
....
нуль

1

يک
....
один

2

دو
....
два

3

سه
....
три

4

چهار
....
чотири

5

پنج
....
п'ять

6

شش
....
шість

7

هفت
....
сім

8

هشت
....
вісім

9

نه
....
дев'ять

10

ده
....
десять

11

يازده
....
одинадцять

12

دوازده

дванадцять

13

سیزده

тринадцять

14

چهارده

чотирнадцять

15

پانزده

п'ятнадцять

16

شانزده

шістнадцять

17

هفده

сімнадцять

18

هجده

вісімнадцять

19

نوزده

дев'ятнадцять

20

بیست

двадцять

100

صد

сто

1.000

هزار

тисяча

1.000.000

میلیون

мільйон

انگلیسی

англійська

انگلیسی امریکایی

американська англійська

چینی ماندارین

китайська
високочиновницька

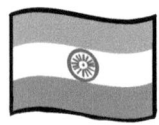

هندی

хінді

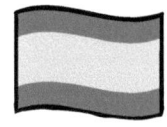

اسپانیایی

іспанська

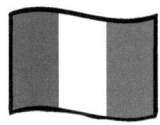

فرانسوی

французька

عربی

арабська

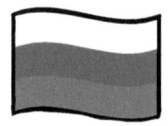

روسی

російська

پرتغالی

португальська

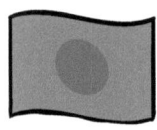

بنگالی

бенгальська

آلمانی

німецька

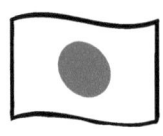

جاپانی

японська

من
....
я

شما
....
ти

او / او / آن
....
він / вона / воно

ما
....
ми

شما
....
ви

آن ها
....
вони

کی؟
....
хто?

چی؟
....
що?

چطور؟
....
як?

کجا؟
....
де?

چه وقت؟
....
коли?

اسم
....
ім'я

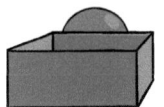

عقّب
....
ззаду

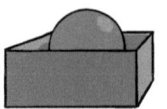

در
....
в

پیش روی
....
перед

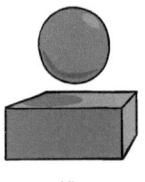

بالا
....
над

روی
....
на

زیر
....
під

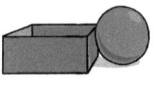

پهلو
....
біля

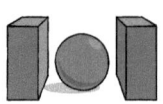

میان
....
між

محل
....
місце